EXPOSÉ PRATIQUE ET TRANSITOIRE

POUR L'ORGANISATION

DU TRAVAIL

ET DU COMMERCE

DÉDIÉ

AUX MEMBRES DU GOUVERNEMENT PROVISOIRE,

PAR

ouvrier ciseleur.

—

PRIX : 15 CENTIMES.

—

EN VENTE

CHEZ L'AUTEUR, A BELLEVILLE,

rue de Paris, 63 ;

ET CHEZ TOUS LES LIBRAIRES.

—

1848

AVERTISSEMENT.

—

Les idées émises dans cette brochure n'ont pour but que de chercher à relier les membres de notre grande société, en reléguant au dernier rang de la hiérarchie sociale le hommes immoraux, qui, sous les gouvernement déchu, en ont constamment occupé le sommet. Si, par l'application de mes principes, j'aide à atteindre ce but, je serai heureux d'avoir participé au triomphe de l'ordre et de la morale.

EXPOSÉ PRATIQUE

POUR

L'ORGANISATION DU TRAVAIL

ET DU COMMERCE.

PREMIÈRE QUESTION.

Citoyens, deux théories principales ayant pour but l'unité sociale ont été posées : l'une émane du citoyen Louis Blanc, l'autre du citoyen Lamartine, sur le libre échange. Toutes deux, grandes dans leurs principes, doivent amener la réalisation complète, définitive, de la fraternité humaine; car, du jour où l'association sera universelle, il n'existera plus de limite fiscale pour l'exportation des produits. Le libre échange sera donc proclamé, ainsi que la loi de Dieu.

Une de ces théories mal comprises par les uns, puis comprises par d'autres qui feignent de n'y rien connaître, par la crainte que leurs intérêts soient compromis; ces hommes peu fraternels ont jeté la perturbation dans les esprits ainsi que dans les choses. C'est pour établir une harmonie fraternelle et sociale que j'ai établi ce système pratique et transitoire. Pour marcher au but de ces deux théories, je diviserai donc l'industrie en trois branches distinctes, quoique formant dans leur ensemble un seul intérêt social. La première est l'industrie agricole; la deuxième, l'industrie manuelle artistique; la troisième, le travail mécanique. Je commencerai donc par l'organisation agricole, cette association que nos hommes d'État ont tant négligée et si peu honorée. A nous, hommes de l'avenir, à relever le courage, le noble orgueil de nos frères travailleurs, en leur enseignant, par notre exemple, que la noblesse d'une société n'existe que dans la morale, le travail et le civisme du citoyen; et que tous, quelle que soit leur profession, auront droit à la reconnaissance de la patrie, du jour où il leur sera reconnu ces vertus.

Nous poserons donc les bases ainsi : de citoyens convaincus des bienfaits qui devront découler de l'association fraternelle des travailleurs ; plus, de ceux que l'agriculteur privé laissera sans travaux. Les premiers devront être placés à la tête des ateliers pendant une année, afin qu'après la journée faite, il soit donné par eux un enseignement moral sur cette organisation. A la fin de cette année, les chefs seront élus par les suffrages des travailleurs ; car j'imagine que dans l'espace de ce temps, les hommes auront appris à se connaître, et que l'enseignement aura amené entre eux une communion de principe.

L'œuvre à commencer est le défrichement des terres arables [1], qui seront d'un produit immédiat ; ensuite le boisement des marécages. Les salaires devront être tarifés par l'Assemblée nationale, ainsi que les fonds à allouer pour l'exécution de ces travaux, d'après un rapport fait par une commission de citoyens connus par leurs capacités scientifiques et pratiques agricoles. La nation s'engagera à donner à titre de prime d'encoura-

[1] Terre arable signifie terre labourable à la charrue.

gement l'usufruit des terres arables pendant l'espace d'années déterminé par une loi. Ces terres seront imposées comme les propriétés particulières. Dès l'entrée en jouissance des associés, ils nommeront une commission pour établir un projet de réglement qui stipulera les droits de chacun de ses membres; il sera soumis à la sanction sociale. J'ai pensé qu'il serait inopportun d'établir ici un réglement qui ne doit venir que de l'expérience des associés. Ainsi il résulterait de cette association une surabondance agricole, un accroissement du revenu public, puis un classement de travailleurs qui se trouveraient avoir un bénéfice réel par la prime d'encouragement. On ne devra rien négliger pour que l'irrigation soit mise en pratique; car ce système devra augmenter d'un tiers les produits de l'alimentation sociale. Ce qui est de la plus haute importance, d'autant que la guerre tend à disparaître des sociétés européennes, et amener par la suite un accroissement progressif de population.

Quant aux boisements des marécages, joint à l'intérêt social qui serait toujours croissant par l'application de ce système, c'est l'humanité qui l'ordonne : combien d'habitants sont décimés par les miasmes qui absorbent l'air vital, ce qui détruit les uns et amoindrit l'intelligence des autres! Est-ce fraternel un tel état de choses? Non, sans doute ; cela ne pouvait appartenir qu'à des sociétés égoïstes, et doit disparaître d'une société qui a proclamé la fraternité humaine. Cette association se résume dans cette devise : humanité, moralité, fraternité et progrès.

DEUXIÈME QUESTION.

Me voici arrivé à la question la plus palpitante d'intérêt et dont chacun se demande la solution du problème. Pour moi, la tâche que je m'impose n'est pas l'application immédiate des théories qui ont été posées, mais un système pratique, qui serait un acheminement pour atteindre le but de la fraternité universelle.

Comme la moralité et l'intelligence sont les principes sacrés qui doivent dominer toute société démocratique, on devra faire un appel aux citoyens qui posséderont ces qualités essentielles, indispensables, pour poser la première pierre de l'Association. L'État devra fonder dans toutes les villes une fabrique de chaune des industries qui en sont la vitalité, afin de recevoir les industriels sans travaux. Chacun sera rétribué selon sa capacité; en sus de la rétribution journalière il sera fait au bout de l'année une répartition fraternelle, basée sur les journées de travail fait par lesdits industriels, mais non établie sur les prix des journées. L'État ou la ville, selon ce qui sera décidé à cet effet, prélèvera sur les bénéfices de l'Association tant pour cent. L'État, quoique propriétaire, ne pourra en aucune manière exploiter lesdits établissements à son profit, car la société républicaine devant du pain à tous doit donner aux travailleurs les moyens de vivre de son travail, et non puiser son pain du secours des mairies ou de retournements de terre qui appauvrissent les villes sans enrichir aucun de ses habitants. Les fabriques nationales ne devront pas faire concurrence à l'industrie privée: à cet effet, les fabricants devront déclarer le prix de revient, ainsi que le prix de vente de chaque objet fabriqué[1]; la déclaration en serait faite aux prud'hommes[2].

---

[1] Tout objet d'art ne sera pas soumis à ces dispositions.

[2] Les prud'hommes seraient rétribués.

Il y aurait un registre où le déclarant signerait sa déclaration ; les produits auraient une marque de fabrique qui comporterait le nom du fabricant et la substance de la marchandise. Ma proposition a pour but d'atteindre le concurrent déloyal et fripon, car dans la société deux genres de concurrence existent : la première que je citerai est due à l'intelligence ; celle-ci doit être honorée ; l'autre ne vient que de la ruse et de la rapine, et doit être méprisée, abolie ; l'une produit à bon marché par des moyens économiques, tant théoriques que pratiques : cette concurrence, profitable pour tous, ne peut être désapprouvée, car, jointe au bienfait qu'elle donne à l'intérieur, elle maintient notre prédominance sur les marchés étrangers, ainsi que l'activité de l'intelligence humaine ; l'autre livre au commerce des marchandises à meilleur compte, parce que c'est la faillite en quoi gît sa capacité commerciale. Extirpons autant que possible cette plaie qui ronge le corps social. Voici un palliatif qu'il serait urgent d'appliquer. Il serait fait un tarif qui réglerait le minimum des bénéfices que chaque genre de produits devra rapporter par cent. Ce tarif serait éta-

bli par les fabricants de chaque corps d'industrie; il serait remis au prud'homme qui
le compulserait, avec la déclaration qui lui
sera faite du prix de revient et de vente, afin
de faire observer ledit tarif. Le fabricant
pourra élever son bénéfice, mais ne pourra
le faire descendre au-dessous de ce qui aura
été arrêté.

Tous les ans il sera déposé entre les mains
d'une commission nommée à cet effet, le
compte-rendu de l'état des affaires de chaque
maison de commerce, afin que l'État serve
d'intermédiaire pour protéger la propriété de
chacun, soit contre la fraude, le manque de
savoir; le malheur seul trouvera aide et pro-
tection dans la banque nationale. Dans les
deux cas ci-dessus désignés, on devra sus-
pendre les chefs de ces établissements, afin
d'éviter la banqueroute. Tout contrevenant
aux dispositions obligatoires contenues dans
cet exposé, serait passible d'une amende au
profit des invalides du travail; de plus il per-
drait ses droits civils pour cinq années, con-
sidérant l'honneur comme le premier devoir
du citoyen. La Révolution de Février ayant
pour but l'abolition de l'exploitation des travailleurs, un décret a été rendu à cet effet sur

le marchandage, afin de frapper au cœur le principe d'exploitation autorisé dans notre société. Est-il exécuté? Je ne le pense pas, parce que, dans certaines professions, celui qui tient les travaux du fabricant ne croit pas être marchandeur. C'est une erreur qu'il faut se hâter de faire disparaître, car tout entrepreneur de travaux qui emploie ses confrères, sans participation dans les bénéfices, est exploiteur. Or, par ce fait, tout marchandage ou exploitation de l'homme par l'homme devant disparaître de notre société fraternelle, nous ne devons plus souffrir que des hommes vivent des sueurs de leurs frères. Travailleurs, réunissez-vous donc pour vous entendre à organiser des ateliers fraternels pour chaque profession où vous trouverez la paix, l'union, la concorde. Il résulterait de cette entente fraternelle l'anéantissement de cette concurrence frauduleuse qui fait languir l'industriel plein de cœur, le commerçant honnête et le fournisseur confiant.

TROISIÈME QUESTION.

Tout inventeur de mécanique devra en donner connaissance à l'État, qui la fera vérifier. Si l'invention est reconnue utile, l'on devra faire à l'inventeur une pension proportionnelle au service qu'il est appelé à rendre à la société. Il en sera de même pour toute autre invention qui ne tiendrait pas à la fantaisie, mais bien à l'utilité publique, car les inventions, jusqu'à ce jour peu lucratives à l'inventeur, encore moins aux consommateurs, n'ont été profitables qu'aux capitalistes qui s'en emparent pour satisfaire leur insatiable passion de l'or, aux dépens de leurs concitoyens. Cette question est tout humanitaire, n'importe sous quelle forme on voudra l'envisager, car l'apparition d'une machine ruine le fabricant, jette la désolation chez le travailleur : il est donc de tout intérêt que la société en soit propriétaire, pour en doter le pays avec les ménagements nécessaires pour ne pas jeter le désordre dans l'industrie. Voici comment j'entends entrer dans la voie du progrès, sans rien détruire de ce qui est bien, mais de chasser l'intrigue, la corruption, l'in-

satiabilité de l'or, pour revenir à des senti-
ments que Dieu et la nature nous prescrivent.
Ouvriers, négociants, capitalistes, donnons-
nous la main, et jetons un coup d'œil ensemble sur une société qui s'écroule, car nous
sommes appelés tous à apporter notre pierre
à l'édification de la société nouvelle. Exami-
nons donc le passé et le présent, voyons si
les légistes, qui ont été appelés depuis qua-
rante ans à la confection de nos lois, étaient
pénétrés de la haute mission qui leur était
confiée. Assurément non ; deux révolutions
le prouvent assez. Hommes de priviléges,
ils ne rêvaient qu'à les maintenir ; de plus,
leur étude des lois antiques les rendait aveu-
gles sur les besoins de notre société. Ces
égoïstes pensaient qu'il n'y avait qu'à replâ-
trer les lois de Rome et d'Athènes, et que cela
irait pour le mieux. Ils n'osaient pas s'aper-
cevoir que notre société ne reposait plus sur
les mêmes éléments sociaux ; que l'esclavage
avait disparu du sein des sociétés européennes ; que des nations guerrières n'étaient pas
prêtes à fondre sur nous pour se partager
nos richesses. Non, non, ils ne voyaient rien,
et cependant la presse, cette fille de l'humanité qui sapait tous les abus, envoyait son

souffle divin à l'univers et nous gagnait les cœurs des apôtres de la liberté ; ils ne voyaient pas les armées de travailleurs se multiplier dans toute l'Europe, ces citoyens pacifiques, intelligents, qui remplacent dans nos sociétés modernes les hommes de fer de nos vieilles sociétés. Ils s'avancent aujourd'hui, non pour détruire, mais, avec cette devise : LIBERTÉ, ÉGALITÉ, FRATERNITÉ, demandant l'organisation du travail.

FIN.

Imp. BAILLY, DIVRY et Cᵉ, place Sorbonne, 2.

www.ingramcontent.com/pod-product-compliance
Lightning Source LLC
LaVergne TN
LVHW022253030726

842520LV00009B/2792